Plätzchen

© Naumann & Göbel Verlagsgesellschaft mbH
Emil-Hoffmann-Str. 1
D-50996 Köln

Fotos: TLC Fotostudio
Gesamtherstellung: Naumann & Göbel
Verlagsgesellschaft mbH, Köln
Alle Rechte vorbehalten

ISBN 978-3-625-12098-8
www.naumann-goebel.de

Inhalt

Klassiker

Locker-leicht

Trendy & International

Mandel-
spekulatius

ZUTATEN FÜR CA. 70 STÜCK

ZUBEREITUNGSZEIT
ca. 40 Minuten
(plus Zeit zum Kühlen und Backen)
Pro Stück ca.
66 kcal/278 kJ

Marzipan-
kipferl

ZUTATEN FÜR CA. 40 STÜCK

ZUBEREITUNGSZEIT
ca. 30 Minuten
(plus Backzeit)
Pro Stück ca.
66 kcal/277 kJ

···❖ Das weiche Fett schaumig rühren. Zucker und Vanillezucker zufügen. Eier, Gewürzzutaten und Rum unterrühren. Mehl und Speisestärke mischen und sieben. Einen Teil unterrühren, den Rest mit den Knethaken des Handrührers unterkneten. Den Teig 1 Tag zugedeckt kalt stellen.

···❖ Backofen auf 200 °C (Umluft 180 °C) vorheizen. Kleine Teigstücke in bemehlte Modellformen drücken. Überstehenden Teig abschneiden und Mandelblättchen auf den Teig drücken. Modell umdrehen und durch kräftiges Schlagen die Teigfiguren herausklopfen.

···❖ Figuren auf ein gefettetes oder mit Backpapier ausgelegtes Backblech legen. Im vorgeheizten Backofen ca. 10 Minuten backen. Wenn Sie keine Modellformen besitzen, den Teig auf der leicht bemehlten Arbeitsfläche ausrollen und beliebige Figuren ausstechen.

180 g Margarine
200 g Zucker
2 P. Vanillezucker
2 Eier
1 1/2 P. Spekulatiusgewürz
1 Prise Salz
einige Tropfen Bittermandelöl
abgeriebene Schale von 1 unbehandelten Zitrone
1 El Rum
450 g Mehl
50 g Speisestärke
100 g Mandelblättchen
Mehl zum Bestäuben
Fett für das Blech

···❖ Marzipanrohmasse, Zucker, Eiweiß, Zitronenschale und Bittermandelöl in eine Schüssel geben. Mit dem Knethaken des Handrührgeräts zu einem glatten Teig verkneten.

···❖ Den Backofen auf 180 °C (Umluft 160 °C) vorheizen. Mit angefeuchteten Händen kleine Kipferl formen.

···❖ Die Marzipankipferl auf ein mit Backpapier belegtes Backblech setzen. Auf der mittleren Schiene etwa 15 Minuten backen.

···❖ Die Kipferl auskühlen lassen. Die Kuvertüre hacken und im warmen Wasserbad schmelzen. Die Marzipankipferl mit ihren Spitzen in die Kuvertüre tauchen. Anschließend gut abtropfen lassen, auf Backpapier legen und die Kuvertüre fest werden lassen.

250 g Marzipanrohmasse
120 g Zucker
1 Eiweiß
1/2 Tl abgeriebene Schale von 1 unbehandelten Zitrone
einige Tropfen Bittermandelöl
80 g Vollmilch- oder Halbbitterkuvertüre

Mandel-kränzchen

ZUTATEN FÜR CA. 60 STÜCK

ZUBEREITUNGSZEIT
ca. 1 Stunde
(plus Backzeit)
Pro Stück ca.
69 kcal/289 kJ

Anis-Zitronen-Plätzchen

ZUTATEN FÜR CA. 20 STÜCK

ZUBEREITUNGSZEIT
ca. 20 Minuten
(plus Zeit zum Ruhen und Backen)
Pro Stück ca.
119 kcal/500 kJ

···ᢤ Die Mandeln in einer beschichteten Pfanne leicht rösten und abkühlen lassen. Die Butter mit dem Handrührgerät auf höchster Stufe geschmeidig rühren.

···ᢤ Nach und nach gesiebten Puderzucker, Vanillezucker, Salz und das Ei unterrühren. So lange rühren, bis die Masse cremig ist. Das Mehl sieben und mit den gerösteten Mandeln unter den Teig rühren.

···ᢤ Den Backofen auf 180 °C (Umluft 160 °C) vorheizen. Den Teig in kleinen Portionen in einen Spritzbeutel mit Sterntülle geben und Kringel auf ein mit Backpapier ausgelegtes Backblech spritzen. Auf der mittleren Schiene etwa 12 Minuten backen. Anschließend auskühlen lassen.

···ᢤ Für den Guss die Kuvertüre grob hacken und im warmen Wasserbad schmelzen, gut verrühren. Die Kränzchen zur Hälfte in die Kuvertüre tauchen und trocknen lassen.

125 g Mandeln
(abgezogen, gemahlen)

200 g weiche Butter

125 g Puderzucker

1 P. Vanillezucker

1 Msp. Salz

1 Ei

250 g Mehl

100 g Vollmilchkuvertüre

···ᢤ Die Eier unter langsamer Zugabe des Zuckers schaumig schlagen. Danach den Anis, die Zitronenschale und das mit dem Backpulver gemischte Mehl dazugeben und alles zu einem glatten Teig verrühren.

···ᢤ Ein Backblech fetten und mit einem Teelöffel kleine Teigportionen daraufsetzen. Das Blech zugedeckt bei Zimmertemperatur ca. 12 Stunden stehen lassen.

···ᢤ Backofen auf 200 °C vorheizen (Umluft 180 °C) und die Plätzchen auf der mittleren Einschubleiste etwa 30 Minuten hellgelb backen.

4 Eier

250 g Zucker

2 El gestoßener Anis

3 Tl abgeriebene Schale von 1 unbehandelten Zitrone

1/2 P. Backpulver

280 g Mehl

Fett für das Blech

Beth-männchen

ZUTATEN FÜR CA. 15 STÜCK

ZUBEREITUNGSZEIT
ca. 25 Minuten
(plus Backzeit)
Pro Stück ca.
115 kcal/482 kJ

Buttergebäck

ZUTATEN FÜR CA. 150 STÜCK

ZUBEREITUNGSZEIT
ca. 40 Minuten
(plus Zeit zum Kühlen und Backen)
Pro Stück ca.
32 kcal/134 kJ

···⟫ Den Honig gut mit der Marzipanrohmasse verkneten. Die Masse zu einer Rolle formen und in 15 – 20 Stücke schneiden. Die Stücke zu Kugeln rollen. Mit 3 Fingerspitzen die Kugeln zu Kegeln formen.

···⟫ Marzipankegel auf ein mit Backpapier belegtes Backblech setzen. Jeweils 3 Mandeln mit der Spitze nach oben an einen Kegel setzen und leicht andrücken. Backofen auf 180 °C (Umluft 150 °C) vorheizen.

···⟫ Das Ei mit 1 El Wasser verquirlen und die Bethmännchen damit einstreichen. Auf der 3. Einschubleiste von unten 12 – 14 Minuten backen, bis die Spitzen hellbraun sind.

1 El Honig

200 g Marzipanrohmasse

100 g Mandeln (geschält)

1 Ei

···⟫ Mehl auf die Arbeitsplatte sieben, Butterflöckchen und Zucker darüberstreuen. In die Mitte eine Vertiefung drücken. Eier, Rum oder Vanillezucker, die abgeriebene Zitronenschale und den Zitronensaft sowie Zimt hineingeben. Alles mit einem großen Messer klein hacken, dann rasch zu einem glatten Teig kneten. Vor der Weiterverwendung 30 - 60 Minuten kalt stellen.

···⟫ Backofen auf 180 °C – 200 °C (Umluft 150 °C – 160 °C) vorheizen. Den Teig auf leicht bemehlter Unterlage ca. 1/2 cm dick ausrollen. Kleine Figuren ausstechen und auf die gefetteten oder mit Backpapier belegten Backbleche legen. Im vorgeheizten Backofen etwa 10 Minuten goldgelb backen.

···⟫ Die Plätzchen mit Eigelb bepinseln und mit buntem Zucker bzw. Hagelzucker oder gehackten Mandeln bestreuen.

500 g Mehl

250 g Butterflöckchen

200 g Zucker

2 Eier

1 El Rum oder 1 P. Vanillezucker

abgeriebene Schale und Saft von 1 unbehandelten Zitrone

1 Msp. Zimt

1 Eigelb

bunter Zucker, Hagelzucker oder Mandeln (gehackt)

Mehl für die Arbeitsfläche

Fett für das Blech

Pistazien-Biberle

ZUTATEN FÜR CA. 60 STÜCK

125 g Honig
55 g Zucker
250 g Mehl
4 El Rum (ersatz-
weise Orangensaft)
2 Tl Lebkuchen-
gewürz
1/2 Tl Pottasche
1 Eiweiß
70 g Pistazienkerne
200 g Marzipan-
rohmasse
2 Tl Gummiarabicum
(a. d. Apotheke)
Mehl für die
Arbeitsfläche

···⟩ Honig, 50 g Zucker und 5 El Wasser erhitzen, bis sich der Zucker gelöst hat, dann wieder abkühlen lassen.

···⟩ Mehl, Honigmischung, 2 El Rum und das Lebkuchengewürz in eine Schüssel geben. Pottasche in 2 Tl Eiweiß auflösen, dazugeben und mit den Knethaken des Handrührers zu einem glatten Teig verkneten. In Folie gewickelt 30 Minuten kühl stellen.

···⟩ 50 g Pistazien fein mahlen, mit der zerkrümelten Marzipanrohmasse und restlichem Rum zu einer glatten Masse verkneten. Zu 2 Rollen von je 40 cm Länge formen.

···⟩ Den Teig auf der bemehlten Arbeitsfläche zu einem Rechteck von 40 x 16 cm ausrollen, längs halbieren und mit dem restlichen Eiweiß bestreichen. Je 1 Marzipanrolle auf die Mitte der Streifen legen, in den Teig einrollen, 1 Stunde kühl stellen.

···⟩ Restliche Pistazien hacken. Rollen in Dreiecke von 2 cm Seitenlänge schneiden, auf mit Backpapier belegte Bleche setzen, im vorgeheizten Backofen bei 180 °C (Umluft 160 °C) auf der 2. Einschubleiste von unten 10 Minuten backen. Gummiarabicum, restlichen Zucker und 3 El Wasser unter Rühren einmal aufkochen, Biberle damit heiß glasieren, mit gehackten Pistazien bestreuen und abkühlen lassen.

———————————

ZUBEREITUNGSZEIT
ca. 50 Minuten
(plus Zeit zum Kühlen und Backen)
Pro Stück ca.
51 kcal/214 kJ

Elisen-lebkuchen

ZUTATEN FÜR CA. 50 STÜCK

ZUBEREITUNGSZEIT
ca. 20 Minuten
(plus Backzeit)
Pro Stück ca.
71 kcal/298 kJ

Vanille-Sandplätzchen

ZUTATEN CA. 60 STÜCK

ZUBEREITUNGSZEIT
ca. 25 Minuten
(plus Zeit zum Kühlen und Backen)
Pro Stück ca.
48 kcal/202 kJ

···❖ Die Eier schaumig schlagen. Den Zucker nach und nach einrieseln lassen und cremig schlagen. Gewürze, Zitronenschale und Rum sowie Zitronat und Mandeln unterrühren.

···❖ Den Backofen auf 160 °C (Umluft 140 °C) vorheizen. Die Masse auf die Oblaten streichen und auf ein Backblech setzen. Auf der mittleren Schiene etwa 20 Minuten backen. Etwas abkühlen lassen.

···❖ Für den Guss den gesiebten Puderzucker mit dem Zitronensaft verrühren. Die Lebkuchen noch warm damit bestreichen.

2 Eier

150 g brauner Zucker

1 Msp. Gewürznelke

1 Msp. Kardamom

1/2 Tl Zimt

1 Tl abgeriebene Schale von 1 unbehandelten Zitrone

1 El Rum

100 g Zitronat

150 g Mandeln (gemahlen)

100 g Mandeln (gehackt)

ca. 50 Oblaten (ca. 5 cm Ø)

250 g Puderzucker

3-4 El Zitronensaft

···❖ Speisestärke und Mehl sieben, die Vanilleschote aufschlitzen und auskratzen. Stärke und Mehl mit Vanillemark, Butter, Backaroma und Puderzucker zu einem glatten Teig verkneten. Teig zu 2 Rollen von 30 cm Länge formen. Abdecken und 2 Stunden kühl stellen.

···❖ Die Rollen in 1 cm dicke Scheiben schneiden. Scheiben zu Kugeln formen. Die Backbleche mit Backpapier belegen, die Teigkugeln daraufsetzen und vorsichtig mit einer bemehlten Gabel flach drücken.

···❖ Die Sandplätzchen im vorgeheizten Backofen bei 190 °C (Umluft 170 °C) auf der 2. Einschubleiste von unten etwa 15 Minuten backen, abkühlen lassen, in Dosen verpacken.

200 g Speisestärke

50 g Mehl

1 Vanilleschote

200 g Butter

3 Tropfen Buttervanille-Backaroma

80 g Puderzucker

Spritzgebäck

ZUTATEN FÜR FÜR CA. 70 STÜCK

125 g Butter
250 g Zucker
1 P. Vanillezucker
Mark von 1/2 Vanilleschote
abgeriebene Schale von 1 unbehandelten Zitrone
2 Eier
125 g Mandeln (gemahlen)
350 g Mehl
2 Beutel Kuchenglasur (à 100 g)
Fett und Mehl fürs Blech

···⟩ Die Butter sehr schaumig rühren. Zucker, Vanillezucker, Vanillemark und Zitronenschale dazugeben und so lange rühren, bis der Zucker sich gelöst hat.

···⟩ Die Eier nacheinander unterrühren. Dann die Mandeln und danach das gesiebte Mehl unterheben.

···⟩ Backbleche dünn fetten und mit Mehl bestäuben. Den Teig portionsweise in einen Spritzbeutel mit großer Sterntülle (Nr. 8) füllen und etwa 6 cm lange Streifen auf die Bleche spritzen.

···⟩ Eine Stunde kalt stellen, dann im vorgeheizten Backofen bei 200 °C (Umluft 175 °C) auf der mittleren Einschubleiste 10 – 15 Minuten goldgelb backen. Auf Kuchengittern auskühlen lassen.

···⟩ Die Kuchenglasur erwärmen. Das Spritzgebäck etwa 2 cm tief eintauchen und anschließend die Glasur fest werden lassen.

ZUBEREITUNGSZEIT
ca. 40 Minuten
(plus Zeit zum Kühlen und Backen)
Pro Stück ca.
57 kcal/239 kJ

Heidesand-Zimt-Plätzchen

ZUTATEN FÜR CA. 90 STÜCK

ZUBEREITUNGSZEIT
ca. 40 Minuten
(plus Zeit zum Kühlen und Backen)
Pro Stück ca.
56 kcal/193 kJ

Lebzelten mit Zimt

ZUTATEN FÜR CA. 25 STÜCK

ZUBEREITUNGSZEIT
ca. 20 Minute
(plus Zeit zum Backen und Abkühlen)
Pro Stück ca.
109 kcal/457 kJ

···❖ Butter zerlassen und bräunen, wieder abkühlen lassen. Mit Zucker, Zimt und 1 Prise Salz cremig aufschlagen. Mehl und Speisestärke sieben, mit den Knethaken des Handrührers kurz unterkneten. Den Teig in Folie gewickelt gut 1 Stunde kalt stellen.

···❖ Den Teig zu 3 Rollen von ca. 30 cm Länge formen, weitere 2 Stunden kalt stellen. Den Backofen auf 175 °C (Umluft 150 °C) vorheizen. Die Rollen rundherum mit Eiweiß bestreichen und im braunen Zucker wälzen. In 1 cm dicke Scheiben schneiden. Auf mit Backpapier belegte Bleche setzen.

···❖ Die Plätzchen im Backofen auf der 2. Einschubleiste von unten ca. 15 Minuten backen.

250 g Butter
200 g Zucker
1 Tl Zimt (gemahlen)
Salz
300 g Mehl
50 g Speisestärke
1 Eiweiß
75 g brauner Zucker

···❖ Mandeln überbrühen, kurz ziehen lassen, mit kaltem Wasser abschrecken. Haut abziehen und die Mandeln fein mahlen. Den Zucker in einem Topf schmelzen, die gemahlenen Mandeln dazurühren und so lange erhitzen, bis die Masse dick wird. Dann vom Herd nehmen.

···❖ Backofen auf 150 °C (Umluft 130 °C) vorheizen. Eiweiß sehr steif schlagen. Den Zimt und das sehr fein geschnittene Zitronat unter die warme Mandel-Zuckermasse geben. Alles vorsichtig unter den Eischnee rühren.

···❖ Auf jede Oblate 1 gehäuften Tl Teig setzen und mit einem in Wasser getauchten Messer gleichmäßig glatt streichen.

···❖ Auf ein mit Backpapier belegtes Blech setzen. Im Backofen ca. 25 – 30 Minuten mehr trocknen als backen, bis die Lebzelten ein wenig aufgegangen sind und die Oberfläche matt glänzt. Nach dem Backen auf einem Kuchengitter abkühlen lassen.

···❖ Die Lebzelten danach mit einer Glasur aus Zitronensaft und Puderzucker oder fertiger Kuchenglasur bestreichen.

180 g Mandeln
180 g Rohrzucker
3 Eiweiß
1 El Zimt
50 g Zitronat
25 Oblaten (4 cm ⌀)
1–2 El Zitronensaft
100 g Puderzucker oder 1 Beutel Kuchenglasur Zitrone

Spitzbuben

ZUTATEN FÜR CA. 40 STÜCK

ZUBEREITUNGSZEIT
ca. 40 Minuten
(plus Zeit zum Kühlen und Backen)
Pro Stück ca.
114 kcal/477 kJ

Pfeffernüsse

ZUTATEN FÜR CA. 50 STÜCK

ZUBEREITUNGSZEIT
ca. 45 Minuten
(plus Zeit zum Kühlen und Backen)
Pro Stück ca.
76 kcal/319 kJ

···❭ Mehl, Zucker, Vanillezucker, Zitronenschale und Mandeln auf die Arbeitsfläche häufen. Das Fett in Flöckchen und das Ei zufügen und alles mit einem großen Messer durchhacken. Anschließend mit den Händen rasch verkneten. Den Teig in Folie gewickelt 2 Stunden kalt stellen.

···❭ Backofen auf 180 °C (Umluft 150 °C) vorheizen. Auf der bemehlten Arbeitsfläche etwa 2 mm dick ausrollen. Jeweils die gleiche Anzahl runder Plätzchen mit gezacktem Rand in 3 verschiedenen Größen ausstechen.

···❭ Auf ein gefettetes Backblech legen und im vorgeheizten Backofen etwa 10 Minuten goldgelb backen.

···❭ Die Plätzchen vom Blech lösen und noch warm jeweils 3 Plätzchen unterschiedlicher Größe mit Konfitüre terrassenförmig zusammensetzen. Alles dick mit Puderzucker bestäuben.

···❭ Tipp:
Bei Gebäck, das terrassenförmig zusammengesetzt wird, bestreicht man nur die untere Seite der Plätzchen mit Konfitüre, damit die überstehenden Ränder frei bleiben.

350 g Mehl

150 g Zucker

1 P. Vanillezucker

abgeriebene Schale von 1/2 unbehandelten Zitrone

100 g Mandeln (geschält, gemahlen)

250 g Butterflöckchen

1 Ei

100 g Himbeerkonfitüre zum Bestreichen

Puderzucker zum Bestäuben

Mehl für die Arbeitsfläche

Fett für das Blech

···❭ Das Mehl mit dem Backpulver in eine Rührschüssel geben. Zucker, Salz, Kardamom, Nelke, Zimt, Ei und Milch dazugeben. Die Butter in Stücke schneiden und mit Mandeln und Zitronat hinzufügen. Mit den Knethaken eines Handrührgerätes gut durcharbeiten. Auf der bemehlten Arbeitsfläche zu einem glatten Teig verkneten. Den Teig ca. 1 Stunde kalt stellen.

···❭ Den Backofen auf 180 °C (Umluft 160 °C) vorheizen. Den Teig etwa 2 cm dick ausrollen. Runde Plätzchen von etwa 3 cm Ø ausstechen und auf ein mit Backpapier ausgelegtes Backblech setzen. Auf der mittleren Schiene ca. 15 Minuten backen. Abkühlen lassen.

···❭ Für den Guss den gesiebten Puderzucker mit dem Zitronensaft zu einer dickflüssigen Masse verrühren und die Pfefferkuchen damit überziehen.

250 g Mehl

1 Tl Backpulver

150 g brauner Zucker

1 Prise Salz

1 Msp. Kardamom (gemahlen)

1 Msp. Gewürznelke (gemahlen)

1 Tl Zimt, 1 Ei

3 El Milch

100 g Butter

50 g Mandeln (gemahlen)

50 g Zitronat

250 g Puderzucker

3 El Zitronensaft

Mehl für die Arbeitsfläche

Honigkuchen

ZUTATEN FÜR CA. 60 STÜCK

350 g Honig
120 g Zucker
200 g Butter
2 Eier
1 El Lebkuchen-
gewürz
1 Tl abgeriebene Schale
von 1 unbehandelten
Orange
2 Tl Zimt
500 g Mehl
1 P. Backpulver
1 El Kakao
1/8 l Milch
150 g Zitronat
100 g Orangeat
100 g Haselnüsse
(gehackt)
100 g Mandelblättchen
30 g Belegkirschen
1 Eiweiß

···⟩ Den Honig mit dem Zucker und der Butter in einen Topf geben und bei mäßiger Hitze schmelzen. In eine Rührschüssel geben und kalt stellen.

···⟩ Eier, Lebkuchengewürz, Orangenschale und Zimt mit den Besen eines Handrührgeräts auf höchster Stufe unter die Honigmasse rühren.

···⟩ Das Mehl mit Backpulver und Kakao mischen und mit dem Handrührgerät auf mittlerer Stufe abwechselnd mit der Milch unter die Honigmasse rühren. Zitronat und Orangeat sehr fein hacken und zusammen mit den Haselnüssen unter den Teig heben.

···⟩ Den Backofen auf 180 °C (Umluft 160 °C) vorheizen. Ein Backblech mit Backpapier auslegen und den Teig gleichmäßig darauf verteilen. Belegkirschen vierteln. Mit Lineal und Messer auf dem Teig 5 x 5 cm große Stücke markieren, zum Schluss mit Mandelblättchen und Belegkirschen garnieren.

···⟩ Für den Guss das Eiweiß mit 1 El Wasser verquirlen und den Teig damit bestreichen. Auf der mittleren Schiene etwa 30 Minuten backen. Dann in Stücke schneiden.

ZUBEREITUNGSZEIT
ca. 30 Minuten
(plus Backzeit)
Pro Stück ca.
108 kcal/453 kJ

Vanillekipferl

ZUTATEN FÜR CA. 140 STÜCK

ZUBEREITUNGSZEIT
ca. 50 Minuten
(plus Zeit zum Kühlen und Backen)
Pro Stück ca.
49 kcal/206 kJ

Zimtsterne

ZUTATEN FÜR CA. 60 STÜCK

ZUBEREITUNGSZEIT
ca. 1 Stunde
(plus Backzeit)
Pro Stück ca.
100 kcal/420 kJ

···⟩ Das Mehl auf die Arbeitsfläche sieben und in die Mitte eine Mulde drücken. Zucker, Salz, Eigelb und das Mark der Vanilleschote in die Mulde geben. Die gemahlenen Mandeln und das Fett in Flöckchen auf dem Mehlrand verteilen. Alle Zutaten zu einem glatten Teig verarbeiten. 4 Rollen von etwa 35 cm Länge formen. 30 Minuten kühl stellen.

···⟩ Backbleche dünn fetten und leicht mit Mehl bestäuben oder mit Backpapier auslegen. Aus jeder Teigrolle 30 – 35 Scheiben schneiden.

···⟩ Den Backofen auf 200 °C (Umluft 175 °C) vorheizen. Jede Scheibe zu einer Wurst rollen und zu einem Kipferl formen. Mit Abstand auf das Backblech setzen. Im Backofen auf der mittleren Einschubleiste 10 – 15 Minuten backen. Die Kipferl dürfen nur am Rand leicht braun sein.

···⟩ Zucker und Vanillezucker mischen. Die noch heißen Kipferl vom Blech lösen und ganz vorsichtig im Zucker wälzen. Die Kipferl auskühlen lassen und vorsichtig in Blechdosen legen.

300 g Mehl

140 g Zucker

1 Prise Salz

4 Eigelb

Mark von 1 Vanilleschote

300 g Mandeln (gemahlen)

300 g Butter

200 g Zucker und 2 P. Vanillezucker zum Wälzen

Fett und Mehl fürs Blech

···⟩ Marzipanrohmasse zuerst mit einem Eiweiß, dann mit Puderzucker, Zucker, Zimt und weiteren 2 Eiweiß verkneten. Haselnüsse und 100 g Mandeln dazugeben und alles zu einem glatten Teig verkneten.

···⟩ Die Arbeitsfläche mit den übrigen Mandeln bestreuen. Den Teig darauf knapp 1 cm dick ausrollen und Sterne (5 cm Ø) ausstechen. Backbleche mit Backpapier belegen und die Zimtsterne daraufsetzen.

···⟩ Puderzucker mit Zitronensaft und so viel von dem restlichen Eiweiß verrühren, dass eine glatte, dickflüssige Glasur entsteht. Die Zimtsterne damit bestreichen. Auf der 2. Einschubleiste von unten im vorgeheizten Backofen bei 150 °C – 175 °C (Umluft 130 °C – 150 °C) etwa 10 Minuten backen, bis die Glasur leicht gebräunt ist.

200 g Marzipanrohmasse

4 Eiweiß

300 g Puderzucker

100 g Zucker

4 Tl Zimt

200 g Haselnüsse (gemahlen)

200 g Mandeln (gemahlen)

180 g Puderzucker

1 Tl Zitronensaft

Cranberry-Makronen

100 g getrocknete Cranberries

3 Eiweiß

Salz

120 g Zucker

1 Tl Zitronensaft

80 g Mandeln (gemahlen)

ca. 40 Backoblaten (5 cm Ø)

100 g Preiselbeerkonfitüre

···❖ Cranberries sehr fein hacken. Das Eiweiß mit 1 Prise Salz, dem Zucker und dem Zitronensaft mit den Quirlen des Handrührers über einem heißen Wasserbad steif schlagen, bis die Masse fest und warm ist.

···❖ Dann die Masse in ein eiskaltes Wasserbad stellen und so lange weiterschlagen, bis die Masse kalt ist. Anschließend behutsam und zügig Cranberries und Mandeln unterrühren. Backofen auf 150 °C (Umluft 130 °C) vorheizen.

···❖ Masse in einen Spritzbeutel mit großer Lochtülle füllen. Backoblaten auf Bleche legen, die Masse daraufspritzen. Nacheinander im Backofen auf der untersten Schiene 15 Minuten backen. Herausnehmen und vollständig abkühlen lassen.

···❖ Die Konfitüre ca. 1 Minute kochen, dann durch ein feines Sieb streichen und ebenfalls auskühlen lassen. Die Masse in einen Spritzbeutel füllen und die Makronen mit roten Punkten verzieren. Alles trocknen lassen, dann luftdicht verpacken.

ZUBEREITUNGSZEIT
ca. 30 Minuten
(plus Zeit zum Backen, Auskühlen und Trocknen)
Pro Stück ca.
38 kcal/159 kJ

Feigen-makronen

ZUTATEN FÜR CA. 40 STÜCK

ZUBEREITUNGSZEIT
ca. 30 Minuten
(plus Zeit zum Trocknen und Backen)
Pro Stück ca.
65 kcal/273 kJ

Kokos-makronen mit Schokofüßchen

ZUTATEN FÜR CA. 60 STÜCK

ZUBEREITUNGSZEIT
ca. 30 Minuten
(plus Backzeit)
Pro Stück ca.
49 kcal/205 kJ

···❖   Die Feigen und Aprikosen in feine Würfel schneiden. Das Eiweiß steif schlagen. Den gesiebten Puderzucker einrieseln lassen.

···❖   Feigen, Aprikosen, Mandeln, Zitronenschale und Zimt vorsichtig unterheben. Mit 2 Teelöffeln Häufchen auf ein mit Backpapier ausgelegtes Backblech setzen, Makronen etwa 2 Stunden trocknen lassen.

···❖   Den Backofen auf 150 °C (Umluft 130 °C) vorheizen. Die Feigenmakronen etwa 20 Minuten auf der mittleren Schiene backen. Die Makronen sollen außen knusprig und innen weich sein. Auf einem Kuchengitter auskühlen lassen.

100 g getrocknete Feigen

40 g getrocknete Aprikosen

3 Eiweiß

250 g Puderzucker

200 g Mandeln (abgezogen, gemahlen)

1 Tl abgeriebene Schale von 1 unbehandelten Zitrone

1 Msp. Zimt

···❖   Den Backofen auf 140 °C (Umluft 120 °C) vorheizen. Das Eiweiß steif schlagen. Den Zucker dabei nach und nach einrieseln lassen. Vanillezucker, Salz, Zimt und Kokosraspel vorsichtig unterheben.

···❖   Mit 2 Teelöffeln kleine Häufchen auf ein mit Backpapier belegtes Backblech setzen. Auf mittlerer Schiene etwa 30 Minuten backen. Die Makronen auf einem Kuchengitter auskühlen lassen.

···❖   Die Kuvertüre grob hacken und im warmen Wasserbad schmelzen lassen. Die Unterseite der Kokosmakronen in die Kuvertüre tauchen, Makronen auf Pergamentpapier setzen und trocknen lassen.

4 Eiweiß

200 g Zucker

1 P. Vanillezucker

1 Prise Salz

1 Msp. Zimt

250 g Kokosraspel

100 g Zartbitterkuvertüre

Nussbaisers

ZUTATEN FÜR CA. 50 STÜCK

ZUBEREITUNGSZEIT
 ca. 40 Minuten
(plus Backzeit)
Pro Stück ca.
42 kcal/176 kJ

Haselnuss-makronen

ZUTATEN FÜR CA. 45 STÜCK

ZUBEREITUNGSZEIT
ca. 1 Stunde
(plus Backzeit)
Pro Stück ca.
141 kcal/592 kJ

···❖ Eiweiß leicht aufschlagen, nach und nach den Puderzucker einrieseln lassen und das Eiweiß zu steifem Schnee schlagen. Dann die Speisestärke unterrühren. Die gemahlenen Nüsse mit dem Zimt mischen und mit dem Schneebesen unter den Eischnee ziehen.

···❖ Die Baisermasse in einen Spritzbeutel mit kleiner Lochtülle füllen und etwa 100 kleine Häufchen (ca. 3 cm Ø) auf 2 mit Backpapier belegte Backbleche spritzen. Auf der mittleren Einschubleiste im vorgeheizten Backofen etwa 10 Minuten bei 175 °C (Umluft 150 °C) backen.

···❖ Die Baisers auf einem Kuchengitter auskühlen lassen.

···❖ Nougat im warmen Wasserbad schmelzen. Die Hälfte der Baisers auf der Unterseite damit bestreichen, ein zweites Baiser dagegensetzen. Kuvertüre und Kuchenglasur grob zerkleinern und im warmen Wasserbad schmelzen. Gut miteinander verrühren.

···❖ Die zusammengesetzten Baisers zur Hälfte in die Glasur tauchen, abtropfen lassen. Die Glasur fest werden lassen.

5 Eiweiß

250 g Puderzucker

20 g Speisestärke

150 g Haselnüsse (gemahlen)

1 Tl Zimt

100 g Nougat

80 g Halbbitterkuvertüre

80 g dunkle Kuchenglasur

···❖ Die Haselnüsse auf einem Backblech im vorgeheizten Backofen bei 200 °C (Umluft 175 °C) auf der mittleren Einschubleiste 6 - 9 Minuten rösten. Die Kerne in ein Sieb schütten, abkühlen lassen, die Häutchen abreiben. 250 g Haselnüsse durch die Mandelmühle drehen.

···❖ Backofen auf 160 °C (Umluft 140 °C) schalten. Die gemahlenen Nüsse, Eiweiß, Zucker, Vanillemark, Zitronenschale, Salz, Mehl und Kakao in einen möglichst breiten Topf geben. Bei mittlerer Hitze ca. 10 Minuten erhitzen, aber nicht kochen. Ständig mit einem Holzspatel umrühren.

···❖ Die Oblaten im Abstand von 3 - 4 cm auf dem Backblech verteilen.

···❖ Die ausgekühlte Makronenmasse in einen Spritzbeutel mit mittelgroßer Lochtülle füllen und in die Mitte der Oblaten ein Häufchen spritzen. Im Backofen auf der 2. Einschubleiste von unten etwa 20 Minuten backen. Danach auskühlen lassen.

···❖ Kuchenglasur und Kuvertüre zerkleinern und im warmen Wasserbad auflösen. Auf jede Makrone eine ganze Haselnuss setzen, dann die Makronen mit der Schokolade bestreichen.

300 g Haselnüsse

6 Eiweiß (etwa 1/4 l)

400 g Zucker

Mark von 2 Vanilleschoten

1 Tl dünn abgeriebene Schale von 1 unbehandelten Zitrone

1 Prise Salz

1 El Mehl

1 El Kakao

ca. 45 Backoblaten (5 cm Ø)

150 g dunkle Kuchenglasur

200 g Halbbitterkuvertüre

Mandel-küsschen

ZUTATEN FÜR CA. 30 STÜCK

ZUBEREITUNGSZEIT
ca. 20 Minuten
(plus Backzeit)
Pro Stück
ca. 66 kcal/277 kJ

Mause-Eckerl

ZUTATEN FÜR CA. 30 STÜCK

ZUBEREITUNGSZEIT
ca. 30 Minuten
(plus Zeit zum Ruhen und Backen)
Pro Stück ca.
69 kcal/290kJ

···⟐ Backofen auf 170 °C (Umluft 150 °C) vorheizen. Das Eiweiß mit den Quirlen des Handrührers zu sehr steifem Schnee schlagen. Den Puderzucker, die Zitronenschale, 120 g Mandelstifte und geriebene Schokolade darunterheben.

···⟐ Mit einem Esslöffel aus der Masse kleine Häufchen abstechen und auf die Oblaten setzen. Mit den restlichen Mandelstiften bestreuen und im heißen Ofen auf der mittleren Einschubleiste ca. 10 – 15 Minuten backen.

4 Eiweiß

160 g Puderzucker

abgeriebene Schale von 1 unbehandelten Zitrone

150 g Mandelstifte

80 g geriebene Zartbitterschokolade

ca. 30 Oblaten (ca. 5 cm Ø)

···⟐ Das Mehl in eine Schüssel sieben. Butter, Sahne und Backpulver dazugeben und alles mit den Knethaken des Handrührers zu einem glatten Teig verkneten. Etwa 30 Minuten im Kühlschrank ruhen lassen.

···⟐ Für die Makronenmasse das Eiweiß sehr steif schlagen. Mandeln oder Haselnüsse und Puderzucker vermengen und vorsichtig unter den Eischnee heben.

···⟐ Backofen auf 175 °C (Umluft 155 °C) vorheizen. Den Mürbeteig auf der bemehlten Arbeitsfläche dünn ausrollen und Dreiecke von 4 cm Seitenlänge ausradeln oder ausschneiden. Die Teigstücke auf ein gefettetes Backblech legen und auf jedes Dreieck 1 Tl Schaummasse setzen. Im vorgeheizten Backofen etwa 10 – 15 Minuten backen.

150 g Mehl

75 g Butter

1 El Sahne

1 Msp. Backpulver

2 Eiweiß

80 g Mandeln oder Haselnüsse (gemahlen)

120 g Puderzucker

Mehl für die Arbeitsfläche

Fett für das Blech

Aprikosen-
Kokosberge

ZUTATEN FÜR CA. 40 STÜCK

ZUBEREITUNGSZEIT
ca. 25 Minuten
(plus Zeit zum Ruhen und Backen)
Pro Stück ca.
48 kcal/202 kJ

Zimt-
bällchen

ZUTATEN FÜR CA. 50 STÜCK

ZUBEREITUNGSZEIT
ca. 15 Minuten
(plus Backzeit)
Pro Stück ca.
67 kcal/281 kJ

•••❖ Die Eier mit Zitronensaft und Zucker schaumig schlagen.

•••❖ Kokosraspel, Aprikosen, Kardamom, Nelken und Muskat untermischen. Alles ca. 30 Minuten ruhen lassen.

•••❖ Ein Backblech mit Oblaten belegen. Mithilfe von 2 Teelöffeln Teighäufchen daraufsetzen.

•••❖ Im vorgeheizten Ofen bei 175 °C (Umluft 160 °C) etwa 15 – 20 Minuten goldgelb backen.

2 Eier

1 Tl Zitronensaft

150 g Zucker

200–225 g Kokosraspel

6 getrocknete Aprikosen (fein gewürfelt)

1 Msp. Kardamom

je 1 Prise Nelkenpulver und Muskat

ca. 40 Oblaten (4 cm Ø)

•••❖ Eiweiß steif schlagen. Puderzucker und Vanillezucker einrieseln lassen, dabei ständig weiterschlagen. Etwa 4 El von der Eischneemasse beiseitestellen. Zimt und gemahlene Haselnüsse unter den restlichen Eischnee heben.

•••❖ Masse mit nassen Händen zu walnussgroßen Kugeln formen. Auf mit Backpapier ausgelegte Bleche setzen und mit einem Holzlöffelstiel eine kleine Delle eindrücken.

•••❖ Die Bällchen mit dem restlichen Eischnee bestreichen und je eine Haselnuss in die Vertiefungen setzen. Im vorgeheizten Backofen bei 125 °C (Umluft 100 °C) etwa 25 – 30 Minuten backen. Auf Kuchengittern abkühlen lassen.

3 Eiweiß

250 g Puderzucker

1 P. Vanillezucker

1 Tl Zimt

300 g Haselnüsse (gemahlen)

ca. 50 Haselnüsse (ganz)

Schokoschäumchen

ZUTATEN FÜR CA. 75 STÜCK

7 Eiweiß
400 g Zucker
15 g Kakaopulver
60 ml Sahne
320 g Halbbitter-
kuvertüre
2 El Amaretto

···❖   Das Eiweiß mit den Quirlen des Handrührers zu steifem Schnee schlagen. Unter ständigem Schlagen nach und nach 2/3 des Zuckers einrieseln lassen, dann den restlichen, mit dem Kakao vermischten Zucker unterheben. So lange weiterschlagen, bis sich der Zucker gelöst und sich eine schnittfeste, glänzende Masse gebildet hat.

···❖   Backofen auf 125 °C (Umluft 90 °C) vorheizen. Die Baisermasse in einen Spritzbeutel mit großer Lochtülle (Nr. 8) füllen und auf mit Backpapier belegte Backbleche etwa 150 kleine Kreise spritzen. Im Backofen auf der 2. Einschubleiste von oben etwa 1 Stunde 30 Minuten (Umluft 1 Stunde) trocknen lassen.

···❖   Für die Füllung die Sahne aufkochen. 120 g Kuvertüre in kleine Stücke schneiden und in der Sahne schmelzen lassen. Amaretto zugeben und die Masse 1 Stunde abgedeckt kühl stellen. Dann die Masse mit den Quirlen des Handrührers schaumig schlagen, je 2 Baisers damit zusammenkleben, 1 Stunde kalt stellen.

···❖   Für die Glasur die restliche Kuvertüre im Wasserbad auflösen. Jeweils eine Hälfte des Gebäcks in die Kuvertüre tauchen und abtropfen lassen.

···❖   Tipp:
Drücken Sie die Schokoschäumchen vor dem Trocknen in ca. 200 g geröstete und gehackte Mandeln.

ZUBEREITUNGSZEIT
ca. 1 Stunde
(plus Zeit zum Backen und Kühlen)
Pro Stück ca.
69 kcal/290 kJ

Amarena-Päckchen

ZUTATEN FÜR CA. 20 STÜCK

300 g Mehl
100 g Haselnüsse (gemahlen)
100 g Zucker
1 P. Vanillezucker
Salz
150 g Butter
1 Ei
40 g Mandeln
250 g Amarenakirschen (abgetropft)

···✣　Mehl, Haselnüsse, Zucker, Vanillezucker, 1 Prise Salz, Butter in Stückchen und das Ei in eine Schüssel geben und mit den Knethaken des Handrührers rasch zu einem Teig verarbeiten. Den Teig in Frischhaltefolie wickeln und 1 Stunde zugedeckt kalt stellen.

···✣　Mandeln mit kochendem Wasser übergießen und ca. 4 Minuten ziehen lassen. Die Kerne aus der Schale drücken. Kirschen mit je 1 Mandel füllen, beiseitelegen.

···✣　Backofen auf 200 °C (Umluft 180 °C) vorheizen. Den Teig zwischen 2 Lagen Backpapier ca. 5 mm dünn ausrollen und Kreise von je 5 cm Ø ausstechen. In die Mitte des Kreises 1 Kirsche setzen. Den Teig von 4 Seiten an die Kirsche drücken und die Ecken fest zusammendrücken, sodass sie beim Backen nicht auseinanderklappen können.

···✣　Backbleche mit Backpapier auslegen, Amarena-Päckchen darauf verteilen und nacheinander im vorgeheizten Backofen auf der zweiten Schiene von unten 12 – 15 Minuten backen. Die Kekse auf Gittern abkühlen lassen. Sie halten sich in Blechdosen zwischen Pergamentpapier kühl und trocken aufbewahrt ca. 4 Wochen.

ZUBEREITUNGSZEIT
ca. 50 Minuten
(plus Zeit zum Kühlen und Backen)
Pro Stück ca.
181 kcal/760 kJ

Smarties-
Cookies

ZUTATEN FÜR CA. 30 STÜCK

ZUBEREITUNGSZEIT
ca. 20 Minuten
(plus Backzeit)
Pro Stück ca.
174 kcal/730 kJ

Chocolate-
Chip-Cookies

ZUTATEN FÜR CA. 30 STÜCK

ZUBEREITUNGSZEIT
ca. 20 Minuten
(plus Backzeit)
Pro Stück ca.
195 kcal/819 kJ

⋯❖ Den Zucker und den Zuckerrübensirup in einer Rührschüssel mit dem Handrührgerät so lange vermischen, bis keine Klümpchen mehr vorhanden sind. Die Butter unterrühren. Die Eier hinzufügen und alles gut verrühren.

⋯❖ Den Backofen auf 180 °C (Umluft 160 °C) vorheizen. Mehl, Natron, Salz und Zimt mischen und mit dem Schneebesen unter die anderen Zutaten rühren. Die Smarties zum Teig geben und kurz untermischen.

⋯❖ Das Backblech mit Backpapier auslegen. Den Teig mit einem Esslöffel portionsweise abstechen, zu Kugeln formen und mit einem Abstand von 8 cm auf das Blech geben. Die Cookies im Backofen etwa 15 Minuten backen, bis die Ränder hellbraun sind. Die Cookies auf dem Blech abkühlen lassen.

300 g Zucker
2 EL Zuckerrübensirup
200 g weiche Butter
2 Eier
400 g Mehl
1 Tl Natron
1/2 Tl Salz
1 Tl Zimt
250 g Smarties

⋯❖ Die Butter in einer Rührschüssel cremig rühren. Unter ständigem Rühren den Zucker und Vanillezucker einrieseln lassen und den Zuckerrübensirup dazugeben. Die Eier nacheinander dazugeben und unterrühren.

⋯❖ Das Mehl in eine Schüssel sieben. Natron und Salz dazugeben. Die Mehlmischung nach und nach zum Teig geben und das Ganze zu einem glatten Teig verrühren. Zum Schluss die Schokoladenstückchen unter den Teig rühren.

⋯❖ Den Backofen auf 180° C (Umluft 160 °C) vorheizen. Ein Backblech mit Backpapier auslegen. Aus dem Teig etwa 4 cm große Bällchen formen und diese mit etwa 8 cm Abstand auf das Blech setzen. Die Kekse auf der mittleren Schiene etwa 15 Minuten goldbraun backen. Die Cookies auf dem Blech abkühlen lassen.

200 g weiche Butter
300 g Zucker
1 P. Vanillezucker
2 El Zuckerrübensirup
2 Eier
400 g Mehl
1 Tl Natron
1/2 Tl Salz
300 g Zartbitterschokolade

Florentiner

ZUTATEN FÜR CA. 40 STÜCK

ZUBEREITUNGSZEIT
ca. 40 Minuten
(plus Backzeit)
Pro Stück ca.
81 kcal/340 kJ

Cantuccini

ZUTATEN FÜR CA. 40 STÜCK

ZUBEREITUNGSZEIT
ca. 40 Minuten
(plus Backzeit)
Pro Stück ca.
74 kcal/310 kJ

⋯⟩ Die Butter mit dem Zucker in einem Topf so lange erhitzen, bis die Masse leicht gebräunt ist. Die Sahne hinzufügen und rühren, bis sich der Zucker gelöst hat.

⋯⟩ Die Belegkirschen in kleine Würfel schneiden. Das Zitronat besonders fein hacken. Beides mit den Mandeln zur Butter-Zucker-Masse geben. So lange kochen lassen, bis die Masse gebunden ist.

⋯⟩ Den Backofen auf 180 °C (Umluft 160 °C) vorheizen. Ein Backblech mit Backpapier auslegen. Mit 2 Teelöffeln Mandelhäufchen mit großem Abstand daraufsetzen. Die Plätzchen auf mittlerer Schiene etwa 15 Minuten backen und auskühlen lassen.

⋯⟩ Kuvertüre grob hacken und im warmen Wasserbad schmelzen. Die Unterseite der Florentiner mit Kuvertüre bestreichen, auf Pergamentpapier setzen und trocknen lassen.

50 g Butter
150 g Zucker
125 ml Sahne
50 g Belegkirschen
50 g Zitronat
200 g Mandeln (gehobelt)
3 El Mandeln (gemahlen)
100 g Zartbitterkuvertüre

⋯⟩ Mandeln in eine Schüssel geben, mit kochendem Wasser überbrühen und häuten.

⋯⟩ Das Mehl mit dem Backpulver in eine Rührschüssel sieben. Zucker, Vanillezucker, Zitronenschale, Salz und Eier dazugeben. Die Butter in Stücke schneiden und zusammen mit den Mandeln hinzufügen. Die Zutaten zu einem glatten Teig verkneten.

⋯⟩ Den Backofen auf 180 °C (Umluft 160 °C) vorheizen. Aus dem Teig 4 cm dicke Rollen formen, dabei etwas flach drücken. Die Teigrollen auf ein mit Backpapier ausgelegtes Backblech setzen. Auf der mittleren Schiene etwa 15 Minuten backen.

⋯⟩ Die Stangen etwas abkühlen lassen und in etwa 1 cm dicke Scheiben schneiden. Die Mandelkekse nochmals auf das Backblech legen und weitere 10 Minuten backen.

100 g Mandeln
250 g Mehl
1 Tl Backpulver
150 g Zucker
1 P. Vanillezucker
1 Tl abgeriebene Schale von 1 unbehandelten Zitrone
1 Prise Salz
2 Eier
100 g Butter
Mehl für die Arbeitsfläche

Pinienkern-Orangen-Kekse

Saft von 1 Orange
160 g Zucker
200 g weiche Butter
250 g Mehl
60 g Pinienkerne
(gehackt)
1 Tl Zimt

ZUTATEN FÜR CA. 45 STÜCK

···⟩ Den Orangensaft mit 60 g Zucker zu einem Sirup einkochen lassen. Anschließend abkühlen lassen.

···⟩ Die Butter mit dem restlichen Zucker schaumig schlagen. 2 El von dem hergestellten Orangensirup darunterrühren. Das Mehl sieben und unterarbeiten. Alles zu einem glatten Teig verkneten.

···⟩ Für die Füllung Pinienkerne mit dem Zimt und dem restlichen Orangensirup vermischen.

···⟩ Jeweils 1 gehäuften Tl Teig zu einer Kugel rollen, mit dem Daumen in die Mitte eine Mulde drücken und etwa 1 Tl von der Füllung hineingeben.

···⟩ Den Backofen auf 180 °C (Umluft 160 °C) vorheizen. Die Plätzchen auf ein mit Backpapier belegtes Backblech setzen und etwas flach drücken. Auf mittlerer Schiene etwa 15 Minuten backen.

···⟩ Die Plätzchen auf einem Kuchengitter auskühlen lassen.

ZUBEREITUNGSZEIT
ca. 1 Stunde
(plus Zeit zum Auskühlen und Backen)
Pro Stück ca.
61 kcal/256 kJ

Erdnuss-Cookies

ZUTATEN FÜR CA. 25 STÜCK

ZUBEREITUNGSZEIT
ca. 20 Minuten
(plus Backzeit)
Pro Stück ca.
191 kcal/802 kJ

Macadamia-Cookies

ZUTATEN FÜR CA. 25 STÜCK

ZUBEREITUNGSZEIT
ca. 20 Minuten
(plus Backzeit)
Pro Stück ca.
187 kcal/785 kJ

···❖ Die Butter in einer Rührschüssel cremig rühren. Unter ständigem Rühren den Zucker einrieseln lassen. Das Ei und die Erdnussbutter dazugeben und unterrühren.

···❖ Das Mehl in eine Schüssel sieben. Natron und Salz dazugeben. Die Mehlmischung nach und nach zum Teig geben und das Ganze zu einem glatten Teig verrühren. Zum Schluss die gehackten Erdnüsse unter den Teig rühren.

···❖ Den Backofen auf 180° C (Umluft 160 °C) vorheizen. Ein Backblech mit Backpapier auslegen. Aus dem Teig etwa 4 cm große Bällchen formen und diese mit etwa 8 cm Abstand auf das Blech geben. Die Kekse auf der mittleren Schiene etwa 15 Minuten goldbraun backen. Die Cookies auf dem Blech abkühlen lassen.

200 g weiche Butter
200 g Zucker
1 Ei
200 g Erdnussbutter
200 g Mehl
1 Tl Natron
1/2 Tl Salz
100 g ungesalzene Erdnüsse (gehackt)

···❖ Die Butter in einer Rührschüssel cremig rühren. Unter ständigem Rühren den Zucker und Vanillezucker einrieseln lassen. Das Ei dazugeben und unterrühren.

···❖ Das Mehl in eine Schüssel sieben. Natron und Salz dazugeben. Die Macadamianüsse und die Schokolade grob hacken. Die Mehlmischung nach und nach zum Teig geben und das Ganze zu einem glatten Teig verrühren. Zum Schluss die gehackten Nüsse und die Schokolade unter den Teig rühren.

···❖ Den Backofen auf 180 °C (Umluft 160 °C) vorheizen. Ein Backblech mit Backpapier auslegen. Aus dem Teig etwa 4 cm große Bällchen formen und diese mit etwa 8 cm Abstand auf das Blech geben. Die Kekse auf der mittleren Schiene etwa 15 Minuten goldbraun backen. Die Cookies auf dem Blech abkühlen lassen.

150 g weiche Butter
200 g brauner Zucker
1 P. Vanillezucker
1 Ei
250 g Mehl
1/2 Tl Natron
1/2 Tl Salz
150 g Macadamianüsse
150 g weiße Schokolade

Glühweinsterne

ZUTATEN FÜR CA. 80 STÜCK

125 g Marzipan-
rohmasse

200 g Zucker

5 Eiweiß

75 g Zitronat

75 g Orangeat

400 g Haselnüsse (ge-
mahlen)

2 Tl Lebkuchengewürz

1 Prise Salz

1 Tl abgeriebene Schale
von 1 unbehandelten
Zitrone

200 ml Rotwein

spiralförmig abge-
schälte Schale von
1 unbehandelten
Orange

2 Gewürznelken

2 Zimtstangen

150 g Puderzucker

rote Lebensmittelfarbe

Puderzucker zum Aus-
rollen und Bestäuben

···❖ Die Marzipanrohmasse zerkrümeln und mit dem Zucker und 1 Eiweiß zu einer glatten Masse verkneten. Das Zitronat und Orangeat sehr fein hacken, beides mit der Marzipanmasse, den Nüssen, dem Lebkuchengewürz, dem Salz, der Zitronenschale und dem übrigen Eiweiß zu einer glatten Masse verkneten. Den Teig über Nacht kühl stellen.

···❖ Für die Glasur den Rotwein mit Orangenschale, Nelken und Zimtstangen aufkochen und offen bei starker Hitze auf 5 El Restmenge einkochen und abkühlen lassen.

···❖ Den Backofen auf 160 °C (Umluft 140 °C) vorheizen. Den Teig in mehreren Portionen zwischen 2 mit Puderzucker bestaubten Lagen Backpapier etwa 1 cm dick ausrollen und Sterne ausstechen.

···❖ Die Plätzchen auf ein mit Backpapier belegtes Backblech setzen. Auf der mittleren Schiene ca. 15 Minuten backen. Mit dem Backpapier vom Blech ziehen und auskühlen lassen.

···❖ Die Gewürze aus dem Rotwein nehmen. Das verbliebene Eiweiß steif schlagen und den Puderzucker einrieseln lassen. Rotwein und etwas Lebensmittelfarbe unterrühren. Den Guss auf die Plätzchen streichen und trocknen lassen. Eventuell mit etwas Puderzucker bestäuben.

_____

ZUBEREITUNGSZEIT
ca. 50 Minuten
(plus Zeit zum Kühlen,
Kochen und Backen)
Pro Stück ca.
58 kcal/243 kJ